꽃향유

꽃향유

초판 1쇄 인쇄일 2019년 11월 29일
초판 1쇄 발행일 2019년 12월 06일

지은이 김항신
펴낸이 양옥매
디자인 임흥순 송다희

펴낸곳 도서출판 책과나무
출판등록 제2012-000376
주소 서울특별시 마포구 방울내로 79 이노빌딩 302호
대표전화 02.372.1537 **팩스** 02.372.1538
이메일 booknamu2007@naver.com
홈페이지 www.booknamu.com
ISBN 979-11-5776-806-6 (03800)

이 도서의 국립중앙도서관 출판예정도서목록(CIP)은
서지정보유통지원시스템 홈페이지(http://seoji.nl.go.kr)와
국가자료종합목록시스템(http://www.nl.go.kr/kolisnet)에서 이용하실 수 있습니다.
(CIP제어번호: CIP2019047250)

꽃향유

김항신 시집

책과나무

시인의 말

토막토막 말들이 목판화처럼 차곡차곡 글자가 되어 정리된다.

무언의 몸짓들이 말이 되고 시가 되어 구술로 옮기며 글자가 되었다.

넓은 바다를 배경으로 푸른 물결 넘실대는 삼양 모래섬 선착장 포구 선장과 나 돛대를 올리고 있었다.

시들을 배열하면서 빼 버릴까 했던, '미치고 맞고'를 또다시 꿈속에 넣었다.

무언의 몸짓은 그를 있게 만든다.

소녀는 문학의 꿈을 향해 차곡차곡 발걸음 내딛고 있었다.

그 꿈을 향한 발걸음에 故 정군칠 선생님, 대구 이먼길(이재한) 선생님, 해설을 맡아 주신 양전형 선생님, 이종형 선배님과 김성주 선생님, 김세홍 선생님 그리고 순진이와 한라산 문학회 회원들에게 감사함을 전하며 묵묵히 지켜봐 주는 우리 식구들에게 고마움 같이 나누면서 또다시 남은 여정의 꿈을 향해 걸어 보려 한다.

배는 순풍에 돛을 달고 유유히 도착하리라는 설렘으로 '가을의 향기' 담아 보낸다.

2019년 12월

김항신

차례

제3부

애기 업은 돌

제4부

삼양동 연가

제5부

본능의 껍질

제1부

두근두근 콩닥콩닥

두근두근 콩닥콩닥

겨우내 얼었던 바람의 문 살그머니 열리던 날

애교머리 살짝 날리며
연분홍 볼 살짝 만지며
하얀 운동화 톡톡 만지며 걸어가는 여학생들
푸른 교정의 들뜬 재잘거림은
가슴의 문을 열게 한다

소녀의 풋마음에도 초봄의 문이었으리
초록 잎 사이로 따뜻한 물이
사르륵거리는

봄꽃의 봉오리들 초경을 맞네

오르가슴 립스틱

35세 미시족이 출근하는 아침
껍데기 한 장 걸친 맨살이 물을 적신다
향긋한 매끄러운 액체가
뽀얀 살에 옷을 바르고 밋밋한 이마를 스쳐
촉촉 젖은 눈동자 덮개 위에
삼색 무지개 오작교를 그린다

복숭앗빛 얼굴 사이
도도한 콧마루 내려오면
수~욱 올라온 붉은색 그것
선을 따라 입술을 포갠다
딱딱하게 굳어진 음경이 톡톡 치며 유혹한다
화~끈! 하게 문득,
너를 보듬고 싶다

다듬질과 난도질

삶이란 게 뭐 있나요 다듬질 다독다독 다듬듯이
그렇게 살아가면 되겠지요

사계의 비발디처럼 사랑하며
저 풍광처럼
강물처럼 바람처럼 느끼며 살아가는 거지요

꽃이 되고 새가 되고
내가 되고

네가 되며 그래서 시가 되는

칼들이 목판 위를 걸어가요

아장아장거리다 넘어져 찢기고
걷다 거르다 주저앉고 딴전 피우다 얻어터지는

때론 까칠하게 까칠하며

때론 송송거리며 정갈하게

그렇게 살아가면 되겠지요

오후 3시 30분

서문시장 앞 하이마트 옆 우진해장국 바로 옆
'아 꼬아'*에 들다
간판이 그렇고 가게가 그렇고
진열된 것들이 심지어 가게 주인마저
대롱대롱 쳐다봐 주라며
여기요 저기요 나도요 나도 있잖아요
잡아끄는

'아 꼬아'에 아꼬운 아이와
4만 원에 산 아꼬운 것을 내 몸에 척 걸쳐

앞주머니에 립스틱 하나 손거울 볼터치 하나

그다음 볼펜 한 자루 티슈 하나

메모할 수첩 인증 사진과 나의 폰

아꼬운 것들 오롯이 품어 준 너와

말쟁이 찾으러 가 보자

* 제주어로 '예쁘고 앙증스러운'

어느 아파트 입주식 날

주차장 맞은편
작은 공원
측백나무 가지런하다
반그늘 드리워진 연못가엔
오리들 줄지어 수영하고
일
이
삼은
입주식 축하라도 하는지
연못 입구 지나는 삼대를 끌고 있다

마중 나온 손자가 앞서고
구릿빛 얼굴 깡마른 아버지 앞서고
그 뒤
등 굽은 할머니 종종거린다

성냥갑 올려놓듯 우뚝 솟은 빌딩 하나하나

로얄층 한 세대

중산층 한 세대

그다음 한 세대

정겨운 오후가 햇살을 넘는다

파도

비바람 몰아치는 젊은 날의 오후

누군가 기다리는 듯
하얀 물거품으로 왜 저렇게 달려들까

휘몰아치는 빗속 뚫고 그녀의 바다는
그렇게 부서지고

부서지고
돌아와서 때리고
묵언의 몸으로 받아 주는 애달픈 반주곡
얼마나 아픈 마음 풀어 저렇게
멍이 질까

네 한숨이나 내 고독이나
오늘 하루쯤 여기서

반추하며 마음 한 자락 내려 보자꾸나

보고 싶다는 것은

움츠려 있던 정체들이 하나하나씩
삐져나온다

도파민이란 호르몬 옥시토신 호르몬
테스토스테론 호르몬 노르에피네프린 호르몬
성적 이끌림에 관여하는 페로몬
매력의 유전자들

몸은 신들린 것처럼
이들이 울 때면
눈물을 외면한다
서러워야 눈물이 나듯

그리움은 수평선 넘어
걸어가고
그리운 것은

허둥지둥 갈팡질팡 허방만 딛다
넘어진다

지쳐 버린 것 다독다독
세월을 삼키는데
어느 날 불현듯
매력의 유전자가 바다를 유영하듯
탐닉한다

파도치는 가슴에선
인공지능이 자기 위치를 알리고
아픔과 기쁨은 황홀경에 다다른다

목울대 조여 오던 울음까지 삼켜 버리는
어제도 오늘도 불타는 태양은
화사하게 피어오른 페로몬의 유전자

하얀 사연

당신! 왜 그리 슬퍼 보입니까
여기만 오면 마음 달래진다는 그대가
오늘따라 더 잊지 못하는 그리움으로 서성이다가
당신 달래지도 못한 채 내가 발목 잡히고 말았습니다

한 달은 아무것도 못 한 채
바람구멍 바늘구멍처럼 숨 막히던 나는
4월의 벚꽃과 유채꽃 길,
기형도의 발자취 다낭의 풍광들을
미녀와 야수처럼 그대와 함께 왈츠를, 이젠
느낄 수 없었습니다 이제,

푸른 수의로 딱딱하게 동여 있던 내가
28일 만에 그라인더로 자르고 있습니다
그대!
공포에 떨고 있나요 괜찮아요, 그래도

80%는 좋은 것 같으니까요 그런데
그동안 발목에서 발등까지 나는
참을 수 없는 고통이었답니다
거죽들이
지문을 잃어 가는 모습이
사혈돼 가는 모습들이
하얗게 질려 있는 얼굴이

화북포구

그들이 쓰고 간 시 여기 있네!

파도는 성냄도 있고 미움도 있다고, 파도는 어머니 넓은 가슴 되어 어루만지며 고맙기도 하다고

재잘재잘 미운 바다 울 어멍* 아방* 다 데려가 버린 미운 바당*이라며 성냄도 있었네!

아주 오랜 옛날 상인들 짐 실어 나르던 나들포구
나 오늘 여기에 벌써 여러 번 왔네!

성안보다 더 먼저 청풍마을에 많은 사람 살았다는 것까지

빨간 우체통 앞에 서서 쌍안경 눈에 끼어 수평선 꽂아 넣고

누이 손에 꿈의 시 한 소절 그리고 있는 것까지

화북포구

여기에 그림과 삶 한가득 시공 넘나들며 모든 것 보듬어
유유히 지켜 내고 있는 모습들

나 오늘도 여기서 보네

* 제주어. '어머니', '아버지', '바다'를 뜻함.

무희

짧은 커트 머리에 똥그란 눈매 짙게 그러데이션 한 찰진 입
서블
저 가녀린 허리에 화려하게 차려입은 옷 하며 누가
해녀라 할까마는

가파른 섬에서 한림항으로 넘나드는 그녀는 파도치는 날
이면
뭍에서 며칠 지낸다는데

무료함을 달래기 위해 왈츠를 배웠다는데

물때가 잔잔한 날이면 미역을 붙잡고 소라 전복을 따며
치어穉魚리더가 되어 왈츠를 하겠다는데

봄 향기 물오른 날이면 봄 향 그윽한 봄 쑥 냉이 따며
시어詩語들과 왈츠를 하겠다는데

한 잔의 커피

돌담길 에돌아

난간에 올라서니 오묘한 냄새가 코끝을 스친다

정갈하게 진열된 시향들은
그녀를 유혹하고

램프의 타오르는 불꽃은 투명한 볼에 홍조를 이루고

오묘한 그 향이 무엇인가 했더니 '아이리시' 커피라

부드러움 달콤함이 버무려 있어 좋은 맛

따뜻하게 내리쬐는 정오의 햇살 아래
때 이른 철쭉꽃이 나를 시샘하네

새벽을 여는 아침

FM에선 애잔한 팝송이
마음을 잡아 주고

주방에선 생존 본능을 위해
조리를 하고

우리 장군이 밥 달라 하고

통돌이도
치카 푸카
어제 작업한 옷들을 다독거리는데

어제보다 오늘이
방긋 웃어 주는 햇살

대기 먼지도 오늘은…,

조금은 날씨가 내 마음 달래 주는

오늘

동이 트는 집

추억들은 잠잘 시간이 없는 것일까

밤새 녹여진 몸들은
동이 트자 다시 활동하는 주방으로 걸어간다
가득 담긴 불로장생의 맛 그게 어떤 것이기에 저렇게
번호표 잡고 기다릴까
삼삼오오 들어가고 나가는 사이사이
사계의 푸름과 봄 향기 가득 담은 소담한 한상차림

누구 어느 어르신 몸속에 들어

다시 태어나 또다시 드나드는

추어들의 입맛
벌겋게 타오르는 햇살은
오늘도 동이 트는 집 넘나들며

불끈불끈 희열을 삼킨다

회유하듯

샷갓을 눌러쓴 물오른 녀석 햇볕과 해풍에 압사되어 차지게
굳어 있던 것
석쇠에 올리자 또 한 번의 목숨 잡으려 비비고 뒤틀며
행위적 본능 뒤에 한생을 마감한다는 것
살아 있어도 죽어서도 아쉬움인지 지구에 붙어살고 싶은
끈끈한 것

살아 있는 것들을 회유하듯

제2부

별과 꽃향유

별

정수리에서 솟은, 짭조름한 액체가
살갗에 돋는다
땀방울은 미끄러지듯
양쪽 볼을 지나 턱을 타고 가슴 사이로 흐른다

늦더위 기승을 부리던 어느 날
배 속의 태아가 발길질을 해댄다
싱크로나이즈드 스위밍 하듯
머나먼 우주를 한 바퀴 돌아온 별 하나
숨이 턱에 차게 머리를 밀어낸다
산도를 따라 무사히 요람에 도착한 어린것
배꼽을 타고 내린 땀방울에 흠뻑 젖어 있었다

어쩌면

아파도 아프지 않은 것처럼
묵묵히 자리를 지키고 있는 능선
싹쓸바람은 양심도 팔아 버렸다고
능청스럽게 누구의 잘못인 양

외면한 채
쑥대밭이 되어 버린 북벽 옹이 진 자리

죽어서도 죽은 게 아니었을 땅 쑥들은

산천초목 흔들리듯 흔들바람 아랑곳없이
서로들 어루만지며 부둥키며 발돋움하고 있었다
스멀스멀 오르고 또 오르는
저 앞바다 철썩이는 은파처럼
아무것도 걸친 게 없는 그들은

벌겋게 타들어 가는 화염 뚫고
언제는 북벽 의지하며 살아 보려 몸부림치며

몸과 몸들은 투쟁한다

아침이면 햇살과 해수의 바람결 느끼며

등대 불빛에 속닥속닥거리며

어쩌면
곤을동* 주민들 산으로 오르는 모습이

살아야 한다며 그래야 한다며
몇 번이나 오르고 내리고 했을 이 자리

허공에 아우성 메아리 되어 들리는 이곳
돌담으로 에워진 마을의 흔적들

식숫간 물바가지도 그대로

집터에 통싯간이던 자리 그대로인데

이제야 알게 된 곤을동 마을의 흔적은

* 제주시 화북일동 4·3 유적지

정체기

헬스장에서 운동할 때 어느 정도 시기가 지나 무기력함과
체중에 변화가 없을 때 그 시기를 잘 넘겨야 된다는 말이
있다
사람이 살아가는 데

신랑 신부가 결혼해서 3년에서 5년 사이 권태기가 있듯
연인들 사랑하며 지내는 시간 좋아하고 사랑하는 것조차
유통기간 있다고 하듯 내가

이 글을 쓰고 있는 행위도 어떤 이유가 됐든,
분명히 무기력과 함께 안 쓰고 싶은 권태기?
정체기가 있는 것만은 사실이다 만일

이곳에 흔적이 안 보일지라도 잠시 휴식이 필요했을 거라는
마음 가져 줬으면 하는 바람과 댓글과 용기를 주는 여러분께
고마움 전하는 바이다 내가

여러분께 댓글을 소소하게 달아 드리지 못하는 것에는

나름대로 조심과 부족함 많은 내 탓이기도 하지만 약속은

모로 가든 에둘러 가든 터미널에 도착하리

초록색 운동화

공원을 오르다 몇 발자국 옮기자 운동화 밑에서 따그락 소리가 난다 내려다보니 뒤꿈치가 금방이라도 떨어질 것처럼 벌어져 있고 함께 가시덤불 헤치며 고사리 찾는 야생마가 걸음을 옮길 때마다 신경 거슬리게 했다

난생처음 관광여행 가던 날 친구 부부 운동화 은근히 부러웠었는데 유명 배우 발에 신겨 TV 속에서 초원을 힘차게 뛰어다니던 그때 나는 월세 옥탑방에서 눈물짓던 날들이 많았던 스물세 살의 어린 신부였다

오십 대가 되어 다시 관광여행을 가는 날 내 발에는 TV 속 또 다른 영화 배우의 발에 신겨져 있던 운동화가 신겨 있었다 초록색 운동화 오늘도 깨끗이 손질해 신발장에 넣었다

봄 냄새 솔솔 내려오면 그때 한 번씩 신어 마중 갈 것이다

순례의 길
- 낙타의 여정

1.

걷고 있는 남자의 붉은 바다에 석양이 얹혀 있다
얹혀 있는 석양은 페달을 좇고
붉은 수정 찾아 담금질하던 구릿빛 얼굴의 소금 먹는 사내는
굴러가는 쇠똥구리처럼 구르고 굴리고 있다

일부다처의 숙명적인 삶은 어쩜 저렇게 굵은 골육을 만들었을까

많아도 모자라도 무상무념의 시간에 오체투지 하는 육바라밀

행복한 일상의 하루가 저물고 있다
풍뎅이 하루도

노을 따라 담금질하며 밟히고 구르고 떨어지고 깨지며
버릴 줄도 아는 삶을 사는

2.

김영갑 작가의 가을 끝자락

감나무는 노랗게 영글고 있었다

우리는 사하라 길 따라 낙타 등에 짐을 실었다
앞에는 사람 뒤에는 약간의 일용할 양식을 싣고
사막에 들어선 일행은 잠시
나침반을 놓쳤다 그것도 잠시 아무리 디지털 시대가 좋아도

중후한 중년이 막 지난 낙타는 그래도
아날로그가 지금까지는 괜찮아, 라고 반문하듯

촉을 세워 느리게 행보를 시작한다
우리는
낙타의 길 따라 낙타의 여정을 걷고 있다

중후한 중년이 막 지난 낙타와

중후한 중후하게 살다 간 '낙타의 생' 행보 찾아
감나무 영글어 가는 그대의 흔적 찾아 우리는 걸었다

그대 걸었던 삶이나

중후한 중년을 막 지나는 삶이나
거기서 거기인 것 같은 인생의 길 아닐까
숙연해지는
밑그림 여기에 그려 본다

가을의 향기
- 용눈이오름

용의 등을 밟고 걸어간다

야자수 매트가 곡선 따라 이어지고

등허리에 듬성듬성 돋은 비늘처럼

억새들이

늦가을 칼바람에 제 몸을 맡기고 있다

포근하게 엎드린 능선 따라

물매화 쑥부쟁이 꽃향유*가 피어 있다

꽃향유

다만 보랏빛 입술로 유혹한다고

나는 막연한 오해를 했었다

그러나

여린 살을 슬쩍 어루만지는 순간

은은하게 풍겨 나오는 너의 냄새

너는 가을의 향기를 몸속에 품고 있었다

늦가을 물기 마른 햇살 아래

가을의 향기를 품어 내고 있었다

* 꽃향유의 꽃말은 '가을의 향기'

양산

- 인공 관절

높푸른 가을 하늘 지붕이
내 머리 위의 작은 지붕을 받쳐 주고

내 머리 위의 작은 지붕이
내 머리를 식혀 주고

내 머리 위의 작은 지붕에
그 위의 하늘 지붕이 불태우고

그 위의 하늘 지붕과 내 머리 위의 작은 지붕 사이에
바람이 그늘이 간간이
그런대로 식혀 주는데

더위에 녹아내린 갈빗대 하나가
'툭' 부러지는데

인공 관절을 넣어야 할지 말아야 할지

그래도 아직은 쓸 만한데

나라시*라는 말

군인들의 은어로 바닥을 평평하게 만드는 작업을 이르는 말로 쓰였다는 나라시

예전엔 그렇게들 말했는데 그냥 나는 때밀이라고 해 두자
등급에 따라 금액은 1만 5천 원에서 3만 원도 될 수 있고
4만 5천 원도 될 수 있고

육십 평생 사는 동안 두 번째로 만져 주는 '나라시'

40대는 몸신에게 고고함을 풍기고 싶어서
지금은 자태가 힘에 겨워 하나하나 내려놓으려
나를 맡겨 보는,
나보다 어른인 그분에게 민망 그게 없이 무아지경으로 빠져 버린
때밀이라는 말

찰지고 탱탱하던 것들이
주섬주섬
먹고
비우고
걷고
달리고 하던 것들이

먹은 만큼 아프고
비워진 만큼 아프고
걷고
달린 만큼 울퉁불퉁해 버린 몸신

다독다독 만져 주는 그 손길은 지금도
여기선 '나라시'라고 통용되는

* 사전에 나온 용어

배

만선이 된 배 비우기 위해 허위적 허위적 선착장에 다다른다
배 안에 맛있는 멸치와 갈치가 있다
꽃게와 대하가 기어 다니고 해초가 돌아다닌다
때론 고상하게 챙겨 먹던 미역 톳 다시마들이 모여지기도
했던,

오랜 세월 버겁게 부풀어 올랐던 살집
신선과 부패가 삭혀 내던 지난날 비우기 위해 오늘도
뱃고동은 울린다

지척에서 바라보는

우연히 들여다본 연못에 새순 돋아나는 이파리 두 장이
내 눈길 붙든다
어쩌면 내 쪽으로 당기려 하지만 너에게로 가 보려고 하지만
섬과 섬 사이 물이 휘둘러 있어 물과 섬에 오작교가 없어서
서로는 지척에서 애절하게 쳐다보고만 있었네

아직도 가 볼 수 없었던 섬과 섬은 18세 소녀가 동경하던 곳
그 섬에 가고 싶어 갈매기 벗 따라 나서 보지만 설렘과 두려
움은
선창가 발목 차인 가슴에 환영만 담은
상추자 하도리 섬

인터뷰

여름에 뉘어졌던 남자의 몸속에
몇 가지 색깔들이 있을까

아들? 아빠? 남편? 아님 혼자서?

한뎃잠 자던 그는 한참 보이지 않았다

묵직한 배낭 슬리퍼 한 켤레 단정한 머리 구레나룻까지도
종일 여름 위를 찾았던 그가
긴 어둠 다 지나기도 전에 남자는 다시 둥지를 틀고 있다
오라동 애향 운동장 비바람 벽 한구석
양지 따라 이쪽에서 저쪽으로 자기 집이 되고

알아도 모르는 사연들은 묻지 못할 사연이기에
자식 같은 아들은
부모의 피치 못할 사정으로

노동하러 갈 수도 시설에 갈 수도 없는 입장이라며
어제는 무념무상의 날을
오늘은 무사한 하루를 소원하며 보낸다는
별들의 고향을 바라보는 뜬구름 같은 인생
밤, 별 헤는 밤이었을 하루를 보내며

건장한 체격인 것 같아도 아닌 것 같은 몸은
냉기 서린 시멘트 위에 한일자를 긋는다
땟국물에 절은 덮게 사이로 날 선 발돋움은
반포지효(反哺之孝)를 생각하며
꼬나문 담배 연기 두둥실거린다

가문동의 ⬡변여행모텔

가문동 해변이
나그네를 반기고 있다
비행기를 타고 온 사람
배를 타고 온 사람
올레길 걷고 잠시 머물다 가는 곳

비바람 치는 날이면
성난 파도 몸부림이
나를 불러낼 때
그대와 마주하고파

달려가던 해변 길가

해변 여행모텔은
'ㅗ'와 'ㅐ'가 떨어져 나간
해변가 여행모텔이 되어 있는데

절규하는 너에게

내어 주고

보듬고

잠재워 보지만

그래도

N 모양의 화려한 불빛은

나를 유혹한다

생명체들

도로를 달리던 순간
누가 꽂았던 귀의 신경을 밟았다 내가 의도적이지도 않은

선혈은 없었으나 뭉클하는 순간 누구 귓전을 타고 소통하며
잔숨결 토해 내던 것들
길 잃고 추락한 저들을 몇 번이나 밟고 지날까

이어폰 주인은 왜 동댕이쳤을까
3·1절 100주년 행사 도보 순례 가는 길
도로 위 바닥 카펫이 되어 버린 어떤 한 마리

소리는 덮치고 또 덮치고 흔적만 남겨진 자리
오체투지하기에도 아주

작은 면적이라 말할 수 있는

핏자국마저 멍이 진 도로 위 발자국들은
아랑곳없는 마음일까

한생을 살아가는 시간이 억겁으로 몰려오는 것처럼
고개 숙여지는 하루가 지난다

재선충

십이월의 끝자락
삭정이는 앙상한 가지만 남긴 채
삭풍에 떨고 있는 풀숲 여기저기
소나무 맥없이 쌓여 있어 수술하던 흔적 보인다
톱날 울음소리에
산새는 지들끼리 언어 소통해 대고
늦가을 자락
활짝 피어 향내 풍기던 털머위는
다음 생을 낳기에 한창인데

인간도
처음은 맑은 곳에서 살았지
그러다 일상 속에 수많은 벌레가 들어와
기생하면서 수액을 빨렸지 그러다
삭정이처럼 마르기도 하고 터지기도 하지
사계절 청렴을 자랑하던 해송 또한 자신의 의지와 상관없이

흡혈귀처럼 기생당하며 산다네

헤아릴 수 없는 숫자들에 끝나지 않는 반복 같은

흡혈귀처럼

제3부

애기 업은 돌

애기 업은 돌*

- 어머니

당신을 쳐다보게 되었습니다
딱딱한 당신 모습 힘겨워 보였습니다

50여 년 세월에 당신 허리도 굽어 보입니다
몇 날 며칠 동서남북 헤매던 그 절절하던 모습들,
먹먹하던 모습들을 여기에서 다시 봅니다

당신을 쳐다보게 되었습니다

지어미 가슴에 묻은 불효자식

용왕님도 화가 나서 등 떠밀어 올린 자식
설운 자식 찾아 헛도는
지어미 얼굴도장 찍으라고 뭍으로 보내시는

설운 자식 등에 업은 당신 모습

가슴에 화 묻은 당신 모습

봄이면 청산의 바람 물결 등에 지고 이고
여름이면 얼기설기 엮어진 밧줄로 당신 몸에
짊어진 탯줄 놓칠세라
과랑과랑 햇빛에 땀띠 날세라 푸른 수의 엮어 주고
겨울이면 동상 걸릴까 봐
하얀 소복 감싸 안고 훠이훠이 숨 고르는 어머니

오늘, 여기서 봅니다

* 별도봉길 산책로에 바다를 등지고 서 있는 자살 바위의 속칭

아가야

그 이전 것은 생략하기로 하자
너는 나의 세 번째 카테고리
첫째 폴더 문할머니
둘째 폴더 장할머니
셋째 폴더 김할머니
다음은 너의 엄마 이씨란다
환영한다
문
채
원

따랑해요, 할매니
아가는 한참 내 스토리에 자기 모습들을 본다
아장아장하던 그때
"채원아, 생각나니 이때
할머니 등에 업고 사라봉 갔던 길, 채원이가 한참이나

절 마당으로 뒤뚱뒤뚱 올랐단다 힘찬 돌이처럼"

"응, 할매니 땡각나요"

"정말이야? 정말 생각나 채원아?"

"응, 엄마 땡각나 근데

할매니 잠깐, 잠깐만…"

고사리손 톡톡 치며 스토리를 올린다

"이 모자 쓴 아이 누구?"

"누구지?"

1대 2대 3대의 모녀는 한참이나 우습다

옆자리로 밀착한 여섯 살의 아가

"할매니 따랑해요"라고

"그래 할머니도 채원이 사랑한단다"라고

미리 해 두자

나는 나를 버리는 고수레를 한다

오늘은 어머니 제삿날
서투른 젯밥 거두어 문전에 조왕에 부모님 가시는 길에 따라 붙었을 귀객들에
고수레를 했다
유전자들이 하나하나씩 빠져나가는 날이 되는

내일은 자동차 속 머리카락 보내고 모래는 엄지 군살 잘라버리고
머리카락 한 뼘 자르고 발톱 한 조각 도려내며 만삭이던 것
야금야금
초승달처럼 조금씩

미리 해 두자
둥근달 떠오르다 다시 야위어져 가듯

내일은 윗도리 하나 내일은 휘날리던 스커트 하나
마음 한 자락 내려놓고 한숨 한 자락 토해 내며
손때 묻은 분신들 하나씩 하나씩 고수레를 하자

걸어왔던 발자국마저 감추어 버릴
마지막 한 켤레의 존재감까지도

90의 연가
- 목욕하는 날

물안개 오롯이 피어나는 목간에 반만 몸을 맡기고
소꿉놀이하는 여신
아이와 아이가 되어 있는 모습이

증손녀와 할머니 같은 풍경 하지만 아무 사이도 아닌
작고 앙증스러운 그런 모르는 사이
지혜로 살아온 어른들 말처럼
나이가 들면 아기가 되어 간다는 말이 있듯이
두 여자는 서로 교신을 하고 있다
앙상한 등뼈 사이사이 피골이 시퍼렇게 운행하는
이 풍진 세상 얼마나 세월을 빼먹었으면

담긴 것들이 야금야금 빠져나갔을까
진짜 아이가 되어 버린 구순의 연가 이제는
동네의 자기보다 10살쯤 어린 이도 몰라보는 천진함이
아이와 그녀가 오버랩되는 순간 시어머니 목간하던 생각

스치는데

어쩌면 내가 이맘때쯤이어도

품질인증번호 제J-002호(20L)

한국의 표준규격으로 탄생한 나는
그리 멀어 뵈지도 않은 곳
봄이면
한 아름의 팽나무에서 진딧물이 뚝뚝 내려앉아

귀퉁이가 찐득찐득해지는 마당이 보이는 집, 그곳에 있다

제주시장의 천명을 받고 팔려 왔다
나는 고귀한 만큼 매우 연약한 존재다
그래서

더욱더 사회의 부름에 거역할 수가 없는 것일 수도 있겠다
사시사철 가족의 건강을 위해 외면당한 것들

무기농이건 유기농이건
맛이 있건 없건
진드기 벌레도 덤으로 보태서

꾸역꾸역 먹어야 했다
K.S 마크로 인정받던 몸

본의 아닌 식탐으로 숨 고를 틈 없다
생각 없이 처넣어진 내 몸은 터지고 찢어지고
질질 흐르고

열세 살 나이 그녀의 집 마루 밥통은
별로 뭐가 보이지 않는

가난한 구석은 밥통도 가난한지
먹어 볼 게 그리 많지 않은 구석장은
숙제하다 잘못 그린 마지막 잎새 한 장

어머니 갈몸빼*에 묻어온 콩깍지와
군불 때고 들어서면 검불 한 가닥이 고작이었던,

지금

현실의 벽장은 너무 먹을 것이 많아 넘치는

기름덩이와 살점들

푹푹 찌다 버거워 옆구리 게워 내다
곰삭지 못해 썩어 들어가면
새살 돋기도 전에 땅속으로 묻어지는

어쩌다
건져진 생채기는 그래도
얼마는 더
공존하다 가는 삶처럼
영원히 숙명처럼,
숙제처럼 짊어지고 가야 하는

KS마크 쓰레기봉투의 전언

* 제주풋감으로 물들인 여자 일 바지

부조금

- 돈의 가치

강산이 한 번 변해 버린 오늘, 시간에
깊숙이 묻어 둔 숫자들을 버리려는 밤에
2만 원, 3만 원, 5만 원, 10만 원은 1…,
15명의 숫자들은 아쉬웠던지 자꾸 눈여겨보란다
백운정 스님
삼양 순옥 언니
초등교 벗과 동창
HNK 홍국 동료직원
방송고 반 12
여성동문 일동 9(18, 21, 23, 25, 27, 29, 34회)
여백에 차곡차곡 적었지만 그래도
아쉬워서일까
지금은 좀 더 가치가 높여진 현실
오가는 품앗이에 싹이 트는, 그러므로
받은 빚 청산하듯 10년 안에 마무리한 것 같아
오늘

미련 없이 보낸다

자

유

롭

게

홀어미 자식이라는 말은 듣지 말자는 날들 수없이 보내며
사회의 구성원으로
가족의
구성원으로 미래를 구축하는 디딤돌 역할을 하며

유월의 신부는
불현듯
부부라는 구성원을 만들어 숱한 시련, 세월에
가슴 뛰는 열정은 미련을 버릴 수 없는 착각 속으로
밀어 넣어 보며

바람 잘 날 없는 가지에 아이들과 남편 언니
동생 내가 있어 좋은, 지금은 살 만한 날이 오면서
아버지 어머니 틔어 올린
씨, 톨
이제 미흡하지만, 인고의
싹 영글어 낭창낭창 걸어 나오려 함은

백설의 길

이순이 되는 40년 만에 한파

그때도 어쩜 이렇게 폭설이었을까 미역국 제대로 못 했을
생각에
명치끝이 아린다

애들 걱정이 앞선다는 건 부모는 다 그러한 거라 지금 마
음이
행복인 것을 다음에도 시간은 있을 것이라 기대하며

어머니 진액 빨며 야멸차게 세상 밖으로 착지했건만
오매불망 생명줄 잃은 줄 알았던 콩깍지 새끼
거적때기 한 장 덮어 구석에 밀쳐졌다는 어린것이
어머니 나이까지 올 수 있다는 것은

부모님 마음 내 마음이고 내 마음 부모 마음인 거라

석양이 물결 따라가듯
부모님 마음에 가까워지고 있음을 안다

올 수 없다는 걸 알면서 그래도 하는 마음인 것은

눈 덮인 대문 활짝 열어 백설의 길 내어 본다

나를 바라본다

1 - 이순

상아야 너 나이 이순이라 했지

십 년 전엔 그냥 영원한 49세로 있고 싶다더니

그래 세상 물정 모르는 건 아니나

겸허히 받아들이라는 말로 알고 있자

모든 것 이해되는 마음들은

좀 더 성숙함에서이겠지

살아온 날들이 많다는 것은

살아온 날들을

되돌아보라는 의미에서일까

벌써 여기까지 와 버린 시간이

2 - 생

한 번뿐인

절대로 돌아오지 않는 무례한 모순들 연습이라고

체험이라고

예술이라고 했던가

결국 한 장의 종이에 불과한 것을

3 - 노을

맘껏 자태를 뽐내던 햇살도 이제 서쪽으로 걸어가는데

우리도 서쪽으로 걸어가는데

불현듯

낙엽이 사르륵거리는 날

한 번쯤 우리

맛있는 풍경과 멋있는 노스탤지어 부르며

향기로움 함께하는 시간 만들어 봐요

물로야 뱅뱅 돌아진 섬

삼양 모래 마을은 김해 김현 아버지 선화공주* 낳던 나라
그 작은 모래섬은 미끄럼 타고 썰매를 끌며 검정고무신
한쪽 반쪽 술래잡기하던 단발머리 딸을 딸 딸 딸 낳던
초가삼간 작은 집

날 보고 어쩌란 말인지 초가지붕에서 슬레이트 지붕으로
업그레이드된 지
몇 십 년이었던 풍경
시가지 도로 생긴다며 없애 버리고 버스 대기실 한 모퉁이가
고작인 아버지의 섬
정겹던 풍경들은 건물로 들어서 바둑판처럼 낯설기만 하고
용천수 길러 다니던 골목길과 여름 한 철 땀 식히며 지내던
쉼팡은
밤이 되면 동무들과 숨바꼭질하며 지내던 골목川길

개발자와 주민과 소통이 무너지는

바다에 던진 그물에 어부의 하루가 갇혀 있고 물질 나선
어머니가 물로야 뱅뱅 돌아진 섬** 노랫가락 실어 내던 어
머니,
품속 같은 그리움 하나

* '서동설화'의 주인공

** 해녀의 노래

알 수 없는 녀석

꿈뻑꿈뻑 뻐꿈뻐꿈

검은 비닐봉지 위에서 파닥, 파닥인다

한나절 미싱발 돌리다 퇴근한 아들
심신 달래 보려 삼양 포구에 갔다던
아무 채비 없이 낚싯대 하나 덜렁

바다에 던져 놓아 시 한 수 뽑는 사이
막대의 흔들림에 놀라 뭔 월척인 줄 알았다는데,
성도 모르고 이름도 알 수 없는 녀석이라고
어미에게 보이는데
"엄마 이거 뭔지 알아?"

"어, 징그러 글쎄 장태 같은 인물인데
양태인가?"

"사진 없이 어떻게 찾아"

"글쎄, 대충 고기 종류 찾아봐"

"아, 엄마 양태 맞다"

아들은 줄자로 재어 보며 다 큰 것이라며

살아 있는 눈 나는 도저히 잡을 수 없는데

양태의 머릿밑을 생선 칼로 일자를 긋는,

"에고 얼마나 아플까"

눈 뜨고는 볼 수가 없는데

선혈은 나오면서 응고되고

그놈은 살겠다고 또다시 빼꿈

풍경 소리

추석날 오후
누가 먼저랄 것 없이 우리는
고향에 가 있었다
멀다면 아주 멀고 가깝다면 아주 가까운
삼화포구의 선창가
아버지 등허리 품에 안겨 석양을 바라보며
미역 따러 간 어머니 숨비 소리 찾아 나서던 곳
휴식을 취하는 배들도 추석을 쇠나
건아하게 고삿술 받아먹은 몸은
내일의 생계를 위해 숙면에 들었는지
내와 그가 눈이 마주칠 만큼
여여如如로운* 시간을 맞고 있다는 것이

단발머리 구릿빛 얼굴은
어머니처럼
몇 번이나 자맥질해야 미역을 건져 올릴까

여름 지난 태풍이 휩쓸고 간 모래사장
고운 빛깔 무지개처럼 알몸으로 웃고 있는
나를 기다리고 있었다는 듯
"정자야 멧 번이나 호~이 헨?
 넌 멧 번이나 헤져냐?
 난 허우적 허우적 오물락 오물락 허단보난
 겁이 와싹 나불언 호~이~"**

용천수 흐르던 빨래터엔
엉덕 바위도 그대로인데
곱 돌 곱 돌 빨래판은 낯설게 보이고

꿈에도 잊지 못할 포구 건너엔
아메리카노 한 잔
사그락거리는 검은 모래알의 팥빙수
세 자매의 가슴을 녹여 주는 시간들
내친김에
이난영의 '해조곡'도 한 곡 뽑아 내리며

* '본연 그대로의 모습'을 의미하는 산스크리트어 'tatahta'를 한자어로 의역한 것으로, 흔들리지 않고 변함없는 마음이나 모습을 의미

** "정자야, 몇 번이나 숨비 소리 냈어? 너는 몇 번이나 해졌니? 나는 물이 너무 깊어서 허우적대다 보니 겁이 와락 나다 보니 호~이~"

제4부

삼양동 연가

삼양동 연가
- 옛집

마른 솔가지 타닥타닥 매운 눈물 흘리며
가마솥 쌀알들 다독이고 있었지

해 질 녘이면 마을 어귀는 저녁밥 짓는 연기로 가득하고
나무 틈새로 피어오른 기억들은 오래된 유행가 한 소절처럼
안방 작은방 고팡* 마루 정지* 마당을 건너
쇠막* 통시*가 있었지
네 살 기억들은 아버지 어머니 큰아버지가 있었고
네 살 기억은 내가 자주 아팠던 사실이 있었지
다섯 살 기억은 아버지 등에 업혀 있는 동생도 보였고
다섯 살 기억은 꼬꼬닭 도란도란 고기 뜯어 먹던 밥상도 있었지
여섯 살은 아버지가 오래 누워 있어도 모른 척 그냥, 동무와
놀고 있는 날 볼 수 있었지

모래둔덕은 바람 일 때마다 창틀 문풍지 사이로 한 줌씩
휘날리고
처마 끝 매달린 시래기 묶음은
어쩌다 들른 햇살마저
문지방 넘다 말고 돌아가는 날
뒤란 감나무 야윈 가지에 까치밥 몇 낱 매단 채

아버지 기다리는 오후의 햇살

* 제주어. '광', '부엌', '소 마구간', '뒷간'을 뜻함.

하회마을에 가다

수령 600여 년 된 당산목이 굽어보는
하회마을에 발자취를 남긴다

'류'씨 집성촌 한 바퀴 돌아 나오자
태백산 줄기가 만들어 낸 낮은 구릉지
에스라인으로 휘어진 낙동강이
가을바람에 리듬을 맞춘다
골목마다 담장 높은 집들이 이름을 달고 있다
金ㅇㅇ고택, 李ㅇㅇ고택
용마루 따라 수키와 암키와가
내림 마루로 이어진 지붕
무심코 들어선 마당 넓은 집에서
수막새와 암키와에 눈길 한 번 더 주고
댓돌 아래 내려선다

빈 행랑채에 환영인 듯

아버지 맥없이 앉아 계신다

친척 집 마당 끄트머리에 잠시 얹혀 지내던 아버지

이미 귀밑에 흰서리를 들이셨었지
안집 부엌과 텃밭을 종종걸음으로
어머니는 하루해가 짧다고 하셨지

지금은 종갓집 며느리 손을 넘어
남의 손에 달린 집

내 마음 한구석에 오롯이 남아
때로는 회오리바람 일으키는
흙벽에 기댄 아버지의 흑백사진 같은

하회마을 그곳에 발자국 남긴다

서흘포* 낙조

- 참이슬 한 잔이

해안을 따라 삼양 포구에 다다르니
수평선 낙조가 경이롭다
질퍽한 땀 냄새와 시큼한 '화영식초' 냄새가 물씬 나는
삼화포구 횟집,
한 잔 마시며 추억을 더듬어 본다

삼양 바닷가 용천수, 그대로 있는데
아버지와 동생들이 살았던 둥지는 어디로 갔는지
어머니와 내가 살았던 둥지는 어디로 갔는지
20년 동안 함께했던 그곳
아버지가 일으켜 세우던 기둥과 서까래
어머니 등짐으로 져 나르던 돌담들,
다 어디로 갔는지
이승 떠난 아버지 오십여 년 세월

어머니 삼십여 년 세월에

늦은 밤
참이슬 한 잔이
눈가에 이슬 맺게 한다

* 삼양동 옛 지명

안개꽃

- 그리운 아버지

안개 자욱한 빌딩 사이
낡은 목조 계단을 따라 들어서면
습습한 곰팡이 냄새마저 하나의 분위기가 되는
'아키인'이라는 이곳
마음이 답답하거나 허전할 때
자동으로 발길이 옮겨진다

구석진 자리에 앉아 있던 그녀에게
LP에서 들려오는 '폴 앵카'의 아빠는
눈시울을 적신다
찻잔 나르던 소녀
안개꽃 한 송이 건넨다

유난히 그 꽃을 좋아했던 기억
여섯 살이던 그녀
이십 대, 삼십 대가 훨씬 지난 지금

안개 낀 날이면

죽도록 사랑 고픈 아버지 그리움

아버지의 술잔

어린것은 탁주를 빚는 어머니와 곰팡 슨 항아리와
홀짝, 홀짝 마시던 순간들을 알고 있었다
연분홍 볼 살짝 올라왔다 생각했을 때
아버지 등짝이 그립다고 생각이 들 때
아버지 같은 아저씨가 찾아왔을 때도
안개 낀 날이면 당신을 찾아 헤매다
허방을 딛고 안개꽃 한 다발로 위안을 삼아
그냥 그렇게 돌아오던 허다한 날들
정지에선 불을 지피느라 바쁘고 머리 헤친 어머니
안방으로 저린 발등 내딛는 소리 바쁘고
아버지 입으로 정안수 떠 넣던 생각들이 바빠지던 날
그가 내어 준 여섯 살 딸은 아무것도 몰랐었던 것처럼
어머니 구슬픈 목소리가 메아리치던 날
깨어진 탁주잔의 눈물을 받아먹을 수 있었던 나는
아버지 판소리가 후렴구를 받아치고 있었다는 것도 알았다

99호

대서양을 수영하다 낙동강 물줄기 따라 제주해협을 타고
마당에 도착한
건강한 99호

캔 속에 오롯이 품어 내게로 온 귀하디귀한 그대
오감과 풍미를 주는 전령인가요

어머니 몸속 오롯이 수영하다 어느 우주를 맴돌다 이곳에
안착한 별 하나
어머니 배 속에서도 맛보지 못했던 엄청난 것
강산도 한 번 변했을 법한 세월 그대를 맞아 평생토록 오감
과 풍미를 주는
전령이고 싶다오

성묫길에서

허우적
　허우적
　　허우적

성묘 가던 날 아침
인간이 쳐 놓은 그물망에
허우적대고 있는
노루 한 마리
앞으로도
뒤로도
더 이상은 갈 수 없어
회전을 몇 번이나 한 듯
헛발질해 댄 흔적
눈망울이 커서 슬픈 짐승
배고픔도 무서움도
인내하던 하룻밤일 터

아하

그래서

아버지 어머니

내 딸 사위 보고 싶다며

어서 오라 불러내셨네

이내 숨죽이며 기다려 준

노루 한 마리

귤밭 정원으로 달려가는

궁둥짝 모습이 참 곱기도 하다

물허벅과 대바지*

좁은 골목 에돌아 들어선 건입동 5-14번지
'민구民具 박물관' 간판 영절스럽다
외벽에 붙은 계단 따라 문 열고 들어서면

낡은 궤짝과 거름채 놋그릇들 자분자분 입김 따사롭다
한쪽에 다소곳하게 놓여 있는
물허벅과 대바지
물구덕 등에 짊어진 어머니 모습 보인다
어머니 좇아, 대바지 지고 끙끙대던 단발머리 소녀도 보인다
삼양 바닷가, 용천수 샘솟는 곳
종종걸음 보인다

수돗물 들어오기 전까지는 문풍지 때리던 바람 불던 날에도
눈보라 볼을 때리던 날에도 어머니 등은 마를 날이 없었다

뿌옇게 먼지 내려앉은, 물허벅과 대바지 살며시 쓰다듬어
본다

더께 묻은 세월의 흔적 거칠지만 매끄럽고 보드랍다

지워진 어머니의 지문 더듬어 본다

* 작은 물허벅을 이르는 말로, 용천수 샘물을 담아 등에 지고 나르던 흙으로 빚은 옹기를 뜻함.

삼양동 싸락눈

- 어머니의 터미널

삼양 구판장 마당은
소 떼들이 정신없이 뛰놀던 자리

송아지 제 어미 찾는 소리 귓전을 울린다
밭일 나가는 어머니와 함께 어린 내가 오가던 길목

옷깃 여밀 때쯤이면 질화로 올려놓은 양재기 그릇에
꿀 한 수저 마늘 열 쪽 달여 먹이려고 숯을 만들기도 했던 곳

고향을 떠나 객지 요양원에 계셨던 어머니

점심으로 면발 몇 가닥 먹었다는데, 국수 한 그릇마저
비우지 못하였다는데

예순여덟의 어머니 스스로 화를 이겨 내지 못하여
가끔 정신줄 놓아 버리곤 했었던

어젯밤 꿈속, 집에 찾아온 곱디고운 어머니

하얀 천막 둘러진 좁은 공간
병풍 앞에 차려진 설상 위로 향냄새 올라간다
두 자루 촛불이 뚝뚝 몸을 태우는데
관 위로 싸락눈 들이친다
싸락눈은 내 뺨을 때리고 내 손등을 때리고
어머니 관 위를 마구 두드린다

아버지 기젯날

며칠 동안 자리에 누워 계시던 아버지
내가 자라면서 들은 얘기론
벗 문상차 술 한 잔 음복하시고는
아프셨다는 말을 들었습니다
그때 세상에는 혼자 건너가기 외로워 꼭 친구를 데리고 간
다며
삼체시 내려온다는 말도 허다할 때였습니다
왕진 아저씨 왔다 갔다 하던 날
병명도 없이 시름시름 자리보전하셨던 아버지
언니가 수저로 물 한 모금 떠 넣으며 아버지 소생 염원하던,
건넛방에선
대나무 구덕에 베개 몇 포개 넣고 어머니
둥근 배 꾹꾹 누르던 모습 선합니다
친구 따라 가신 지 오십여 년

아꼬운* 딸들 놔두고 가시던 걸음걸음
가시밭길 걸었을 아버지,
어머니 손에서 나에게 넘어온 지도
삼십여 년이 지나고 있습니다

항상 부족하고 서툰 솜씨로 아버지 제상 차리면서도
아버지라 이해하실 거라 믿으며
오늘도 하나씩 준비해 봅니다
9월이 오는 소리에
그리움의 소리 들리듯
아비지 보고 싶어지는 하루가 지나려 합니다
사랑하는 아버지 딸내미 문지방 건너오셨지요
어저** 않고 들어오셨지요
자식 정성이라 여기시고 제삿밥은 드셨지요
내내 돌아보며 지켜 주신 음덕으로 여기
식솔들 행복 모아 큰절 올립니다

* 아까운

** 어정거리다

생명꽃

웡이자랑 웡이자랑
저기 가는 검둥개야
우리 애기 잘도 잔다

삼승할미의 자장가 소리 귓전에 맴돈다

어머니 대구덕* 흔들며 불러 주던 자장가

아버지 상여 소리 어머니 곡소리
귓전에 들려오듯

가족 소리 판굿

동글동글 마마 구술 대별 대상과 삼승할망**
제주국립박물관에서 막이 올랐다

환생꽃 하나 떨구어 못내 발걸음 옮기지 못하는
늙은 아비의 무언의 울음소리 귓전에 돈다

대구덕 속의 생명 꽃
아버지 걸음걸음 눈물 꽃 지르밟는

"아가야"
피지 못할 인연의 끈
"아부지"
이 세상에 떨궈 놓고 한 번 보듬어 보지 못한 자식
한생을 마감하는 찰나
대별 대상의 심술에
삼승할미 통곡하시는데

대별 대상 마마의 심술은 환생꽃을 위하여
좋은 마음 품는데 막이 내려지고
인연의 생명꽃 채 피우지 못한
나의 막내는

* 대나무로 짠 아기를 흔들어 잠재우는 요람

** 아기를 낳고 키우는 과정에서 아기가 무사히 잘 크도록 관장하는 아기할머니를 말함. 제주설화에서 유래.

제5부

본능의 껍질

본능의 껍질

열두 폭 비단으로 감싸 주던 몸매가
느슨한 모습으로 굳어져 있다

붉은 망 속 탱글탱글한 것들
성은 양씨요 이름은 파순이들
그 모진 생명이
들숨 날숨 파닥이며
한 뼘 창문을 통한 햇살에 의지한 채
망을 뚫고 나와 천장을 향해 쭈뼛거린다
성벽처럼
겹겹이 에워싼 인과의 틀을 깨고
싹 하나 틔워 내어
세월을 다듬는다

황토 찜질방

안개비 내리는 아침

사흘 내내 내리는 비는 내 몸을 긁어 댄다
마음은 항상 문학소녀라면서
벌써 굴곡진 삶을 산 노인네처럼

삭신이 쑤시고 저리다는 것은
누군가의 말처럼
이 풍진 세상을 이겨 내려 한 삶을 살아온 탓일까
생각하며

친구와 찜질방으로 갔다
마디마디 아우성치는 소리

산후조리도 늦은 오후에 해 보자고
군불이 앞서서 타닥타닥 달린다

등짝으로 등짝에 밀착시켰다
냉동된 고등어 이글거리듯
유성처럼
천장으로 부유하는 것들
정수리를 타고 등으로 가슴으로
잔소리를 뽑아낸다
어두운 시야 속에 고소한 참기름 스미듯

서너 뜸 지날 때쯤
불꽃들은 한참이나 춤사위에 바쁘다
사내의 풍경도 덩달아 미쁘다
잠시,
샛문 사이로 열기를 식히고 있을 때
황토방 군불이 벌겋게 타들어 가는
어머니의 몸속 같은

고소한 그것
비 오는 날이면
가마솥 다리 사이 솔가지 밀어 넣던 것들

생가지에 눈물 매이고

보리 쌀밥 솥뚜껑 눈물은
입술 뾰루지 만져 주던 어머니의 손길인 듯
그리워지는

베란다 미니 카페

창가에서
애들을 쳐다보며 하는 소리

말라가 시금치
땅달핑크 방울토마토
미니양배추
퍼플 아스파라거스
잎들깨

잘 자라는데
왜 상추는 얼음땡
우- 우 상추 따 먹는 재미가 없잖아

그러게 왜일까?
흙을 바꾸어 봄이??
궁시렁 징징

상추가 한 달이 지나도 크질 않아, 어쩜 좋아
모종 사서 심을까 보다 우-우

미니양배추 땅달핑크 방울토마토는
잘 자랐겠지
땅달핑크가 뭘까
아 그거
마트에서 봤던 거 말이지
말라가 시금치는

잎들깨도 잘 자랐을 텐데
퍼플 아스파라거스는

네 주방의 풍미들이
내 주방으로 들어올 때

너의 주방에는 갖가지 색깔과 맛들이 있었지
백미와 흑미와 홍미가 그랬고 보리와 귀리와 율무가 그랬고
수수와 좁쌀이 그러듯 너의 주방에서 그녀의 주방으로
찰지게 들어오는 에너지 자원

너의 주방에는 또 다른 맛들이 있었지
갖가지 식재료들 선택되기 기다리며
양파
대파
쪽파
상추 배추 양배추 브로콜리나
된장 고추장 간장이나 고춧가루 등등
멸치액젓
새우젓
황석어젓
김치들도 발그스레하게 웃는 모습들 하고는

돼지갈비 닭발은 때에 따라 기다리며 선택되는 것

너의 주방과 나의 주방은 숙명적인 만남이지

김밥 한 줄

단무지 시금치 계란 소시지 쇠고기 참치 우엉 형제들이
목구멍에 걸려 있다

첫째 녀석이 단무지 시금치 농사를 짓고 참 우엉 농사도 하지
둘째 녀석은 양계 농장을 하면서 마트로 배송하고
셋째 녀석은 암소 몇 두를 두고 종자 늘리기에 바쁘고
넷째 녀석은 오대양 육대주 누비며 원양어선 탄다지
다섯째는 김발만 솔찮게 말린다면서

그랬지

그렇다는데

그랬구나

덕분에 말이지

나 이름은 숭어라 헴수다

저어기 가마리 양식장 옆 바당서 팔딱 팔팔딱거리멍 수영도 허곡

양식장 먹다 남은 찌꺼기도 얻어 먹으멍 살고 이신디

이 귀허신 몸을 하시로* 봐그네 여깃 사람들은 먹지도 안 허멍

무사 나를 잡아 감신디사

옛날 임금님 수랏상에나 올리곡 양반님네나 나를 먹엇덴 허는디

허기사 갯것 바당 고우세* 있는 사람사 나가 필요엇주게

* 제주어. 순서대로 '함부로', '근처', '그래도', '왜냐하면', '무', '이렇게'를 뜻함.

다른 것도 많고 많은디 나는 비렁내 팡팡 난덴 허영으네

경헤도* 우리 안주인은 나를 경 안 좋아 허당 이젠 아깝덴 허여

무산고 허믄* 바깥주인이 저어기 경상도 사름이라 여기 제주에 살멍서도

허긴, 지는 재미로 나를 잡앙 장만허영 갖다줄 중이나 알앗주마는 잘 먹진 안허연게

내가 버릴 건 가시 빼다귀 뿐인디 말이주

우리 안주인이 연구를 많이 헴신게

나를 가정 이레도 헤봣닥 저레도 헤봣닥 말려도 봣닥 김치찌개도 헤봣닥

게난 최종적으론 즉석에서 횟감으로 최고주마는 시간이 지

나부난

포떠그넹 살점은 전 부쳐 먹곡 껍질광 남은 빼다귀에 살점 붙은 걸랑
쌀뜨물에

놈삐* 썰어낭 뚜껑 열엉으네 끓이믄 비렁내 하나도 안 난덴 허멍

난 불포화지방이라 아무텅도 안허여 말 그대로 영양 덩어리라

난 죽어도 말을 헐 줄 알주게 이추룩* 말이주

갯것이*식당

갯것이 식당은 갯것의 그것이 아니었다 갯것의 것만으로
알았던 모순점의 단어가 하마터면

오해가 될 뻔한 순간 포착 갯것이 것은 보말 미역과 자리돔

젓 그리고 멸치볶음 하나 고작 메주콩 된장 종재기 그다음
은 텃밭 것 청양고추 넷

상추쌈 세트 마늘종 볶음, 팽이 볶음 배추고춧가루김치와
함께
갯것이 것을 맛점 하다

갯것이 가면 돌트멩이** 전복 하나 구   기** 하나 보말이랑

성게랑 골갱이로** 좁아 댕기멍** 지는 잘 먹지도 안허멍**
잡는 재미로 아직은

어린 손이라 구멍만 살피멍 손바닥은 큰 돌 밑창으로 더듬
질 허멍**
물드는 줄 모르멍 해 지는 줄 모르멍
깜장하게 검은 깜장이 그때도 있었네

오랜만에 순진이와 구수하고 쪼롬한 맛 즐겨 보는 정오의
맛살

* 바닷물이 드나드는 곳에서 나는 물건
** 제주어로 '틈 사이', '소라', '호미', '끄집어내다', '안 하면서', '하면서'를 뜻함

그 집 1

그 집에 가면 네모진 칸이 넷
물안개 솟는 칸이 셋
작업실 하나 공중작업실 60개
수면실 하나 샤워기가 5개 그리고

각각 들어갈 때 신발장과 옷장 키는 갖고 들어간다

일주일에 한 번 나도 그 집에 간다
새벽이든
아침이든
저녁이든

내가 필요할 때만 드나드는 곳 가서 보면

칸칸마다 삼삼오오 모여 소담을 나누며 몸신들을

달래며 서너 시간 세 들어 있는 사람 한 나절 세 들고 가는
사람

나처럼 한 시간 있다 가는 이들
히노끼 목간
42도 옥돌 열탕
노인을 위한 미온탕
그리고 냉탕

죽죽 궂은비 내리듯 몸속에서 게워 내는 찌꺼기들

녹차 한 잔에 얼음 동동 커피 한 잔에 심신을 달랜다
언제부턴가 나도 이곳에 세를 들었다
열흘치를 4만5천 원 일주일에 한 번씩 가는 곳

어떤 이가 어떤 이에게 말한다
이 좋은 집 놔두고 벌써 가느냐고

그 집 2

어제의 비는 바람이 데려가고 오늘,
늦은 정오의 코발트빛 하늘, 이글거리는 태양은
내 어깨를 데우고
벌겋게 데워진 몸은 또다시 데우러
그 집으로 갔다
일주일에 한 번 세 들어 사는 집에 층층 계단 올라 데스크 앞에는
7월 29일부터 8월 14일까지 휴업이라 붙어 있다
연중행사로 치러지는 실태, 이때쯤이면 안식처들은
다독거려 줘야 할 때를 안다
종일 38도 물 끌어안고 있던 히노끼*도 삐걱거리는 등허리
아프다고 신호를 한다
하마터면 하는 순간이 지나기도 하는

지난주 오늘 왔을 때도 모녀는 열정의 토론을 하더니 오늘도 그때와 같은

세상의 말 풀어놓기가 바쁘다 엄마는 딸을 끌어 앉히고
머리에서 발끝까지 목욕탕 세신사처럼 밀어 내리고 있다
재잘재잘
조잘조잘
어머니는 여전히 강한 것인가 지친 기색 없이
그 딸이 엄마가 됐을 때를 생각하는 시간이 지난다

* 노송나무

적과의 동침

'적을 알고 나를 알면 백전백승(百戰百勝)'이라 했다

살 속으로 깊숙이 파고드는 나도 모를 미로 속을 비비며
작은 것과 큰 것들이 교대를 하며 들어왔다 나간다
발가락따라 정수리까지 생명선을 달리는 열차 속을
부드러운 숨결로 애무하듯 적과의 동침을 한다
적벽을 둘러쌓던 피막 뚫고
불거진 적들이 뿜어져 사혈되며
거치는 통과의례
잠깐의 고통 넘어 희열 뒤엔 편안함이 몰려온다
일단 일주일에 두 번씩
3개월 동안 행위를 할 것이다
그동안 참아 왔던
그동안 못 했던 그녀의 행위들
자위행위들이 모자랐던 몸신
마음의 전쟁 육신의 아픔들이

깊숙이 때론 부드럽고 짜릿하게 희열을 느끼며

아픔은 온몸으로 말을 한다

머리에서 발끝까지
위를 지나 심장을 꽂으며 방광을 거쳐 긴
터널 지나 마지막 그곳까지 모든 것은
정신을 잃었다
불규칙한 맥박 부여잡고 다다라 오던 순간,
동문川 건너 동일 의원

지나 지하상가 음식점 보이자 왜? 하필 먹어야
산다는 생각이 스칠까 살기 위해 먹는 것인지 먹기 위해
사는 것인지 알 수 없는 모순점을 끌어안은 채 맛있는 거
한 번 먹고 가는 것이 소원이었던 때 있었다 쓰디쓴 물만이
역류하며 모래알처럼 넘기지도 못하는 것들
그 모순점의 색깔에 아이와 나와 모든 것들이 있기도 했을까

아이와 함께 서울행 기내에서 펼쳐 든 시집에서

'풀빵이 먹고 싶다'*를 보다가 갑자기
지나온 통증들이 말머리를 읽고 있다

사십 고개 넘는 통증들이 나에게 말을 건네듯
주부에서 아내로 엄마로 직원으로 오는 모순들의
결과물 속에 첨벙 빠져 버린 오장육부의
아우성이 꿈틀거리는 시간이었다

* 양전형 시인『꽃도 웁니다』P.65

초등학교의 단상

소금바람 파도를 밀고와 반쯤 허물어진 담벼락 사이로
처~얼 썩
거리다 되돌림 하는 지휘봉 좇아 오르내리던 화음은
미닫이 문틈으로 흘러나가 갯바위 그늘 맴돌다 풍~똥
바다에 빠지고

짝꿍 시험지 슬쩍 넘겨보던 책상
그어진 금 위에 소복이 쌓인
먼지 한 뼘
햇살 삐딱하게 머금은 의자에 한참 머물다 가는

행간을 넘기며 들춰 보던
도서실의 시향들은 손짓을 하며
음파 넘나들던 쪽빛 바다에
몽당연필 꾹꾹 눌러쓰던 여백 박차고
갈매기 하모니로 날아오른다

파란 하늘 닮고 싶던 반짝이던 눈동자
갈매기 앞서거니 뒤서거니 행렬 맞춰
노래하네

26회 우리는

개루왕이 되고 도미 부인 왕비가 되었다
삼천 궁녀도 되어 보며 시공을 넘나드는데 뒷머리

희끗희끗한 새치 바람에 휘날리고 민머리 듬성듬성 휘날리며

마나문노집* 앞을 지난다

백제에 잠시 머물다 온 우리는 어느새

토요일 밤 하늘 아래 시월의 마지막 밤이 되어 있고 그들은 어느새

학교종이 땡땡 치며 산토끼 토끼를 찾으며 엄마 섬그늘 아래 메아리 되어

들려오는 삼양초등학교 26회 우리가 있었다

* 위덕왕 35년(588) 일본에 파견되어 기와와 전돌 제작기술을 전한 와박사 마나문노의 집을 재현한 곳.

별들의 여행

솟는 별 사이로 별들이 날고

경이로운 순간 지구와 우주 사이 은하수가 날겠지

우리는 어디에서 어디로 두둥실거릴까 때가 되면이겠지
다시 우리는 여수 밤바다를 보며 부산갈매기를 부르며
자갈치 꼼장어와 한잔 술에 녹아내리는 목포의 눈물 조아
리며
지상으로
위로
아래로 돌고 돌아 최남단 땅끝마을호를 타고

강원선을 타고
경의선을 타고 횡성 횡성으로 떠다니자 철마는 달릴 거야
그렇게 돼야지

비무장지대 쓱 돌아 망원경 내려놓고 민통선 마을 넘어
휘둘러보며
인천항 연안부두 뱃길 따라* 똑딱선 기적소리 젊은 꿈을 싣
고서…….
들뜬 코딱지들

이렇게 조갯살 먹고 아프기도 하며 배꼽 잡아 까르르거리며

깡돌이 깡순이 되어 있는 날까지

그때까지 여기 별나라 살면서 또다시 훨훨 날아 보자
진옥아 금순아 종욱아 태훈아 복녀야 땡땡땡 얘들아~

* 박경원 노래

천안함
-두 동강이 된 것이

내 눈물이

내 용트림이

하늘이 알고 바다가 알고 있다

한때는 위용을 떨치던 거북선 자손인 나

아주 먼 세월이지만

한때는 같이 살아 공생하던 한민족 아니었던가

내 의지와 상관없이 순간 내 몸은 두 동강이 되어 있지만

언제까지 이 노릇 그만둘 수 있겠는가

나를 어루만지고 함께하던 충무공 후예들 대한의 아들들이

너희들 때문에

그리고 나를 잘못 만나 산화하지 않았겠나!

아들아 지켜 주지 못해 미안하고 형제들 지켜 주지 못해 미안하다

두 동강이 되어 버린 천안함이여!
하늘이 울고
땅이 울고
백령도가 울고 있다는 걸 우리는 알고 있다

사은별곡

- 故 정군칠 선생님

선생님
선생님 만나기 전에 저는 너무나 과문했습니다
3년 가까이 낮에는 시앗에서 밤에는 201호 강의실에서
우리들과 함께 부대끼던 날들
문학기행 간 안동 집성촌에서 시 한 수 건지고
부여에서 낙화암에서 백마강을 부르면서
회룡포에서 그리고 옛 상인들이 오가던 나들목 강가

주막에서 기행 흔적 남기며 언제는 도두 카페 야외수업

언제는 삼화포구 야외수업하면서 우리들을 키워 내신
눈이 커서 슬픈 짐승처럼
때론 외로움이 때론 냉랭한 그 안에 인자함이 자리한
임이셨고 사람이셨습니다

그냥 언제까지 마냥 함께할 수 있는 언제든지 뵐 수 있는

임이라 생각했습니다 하지만
어느 날 홀연히 황망하게 광명사로 가셨지요

생생한 숙제 열 번 쓰고 닳도록 쓰라고 문자를 하시고는
언제나 곁에 있을 것처럼 하시고는

임은 가셨지만 보내지 못한 마음은 늘 곁에 있습니다
사랑합니다, 선생님

궤도

- 세월호

2014년 11월 1일 토요일

초등학생 26회

동창생 18명 제주항 집결

한일카페리호로 완도에 도착 관광버스로 대륜산 도착

고계산에 신고식 올리고,

대흥사 일주문 지나 부처님께 삼배 올리고

윤선도 생가 녹우당 앞 은행나무 수령 500년쯤 됐다는,

산으로 에워싸여 학자들 많이 나왔다는,

딸이 아들보다 잘될 수 있는 길 풍경이라는,

이튿째 날 아침 도갑사에서 잠시 절 법 수행 동참 참배 올리고

일행은 우수영으로 달렸다

물살이 휘몰아 날리는 우수영 앞바다 진도 팽목항 지척에서

불러 본다, 너희를

자리돔 망둥이 숭어들이 펄떡이고 있었다

물먹은 몸뚱이는 수렁으로 빠져들며 속울음 찍고 있다

엄마
엄마 배 속은 참 따뜻했어요

엄마 곁에 있을 동안은 엄마의 숨결 목소리

모두 들을 수 있었는데 엄마 우주에서 둥둥 놀면서
미래를 꿈꾸며 기다리면서
엄마는 내 배에 밧줄을 걸어 주었잖아요
궤도를 마음껏 돌다 오라고 맛있는 것 다 먹여 주면서
그랬었죠! 그런데

우리는 세월 따라 질주하던 세월호를 타고
또다시 미래의 궤도에 올랐답니다

푸른 꿈을 안고요, 그런데 가슴이 벅차도록 엄마를 불러 보지만
엄마의 목소리는 메아리쳐 오지만

고작 세상에 태어나 오직 시키는 대로
했을 뿐인데

월척 한번 호되게 낚고 있네요

해설

고향과 뿌리의 생명력

양전형 / 시인

한라산문학동인 활동을 함께했던 김항신 시인으로부터 시집 해설을 부탁받았을 때, 다른 누군가로부터 부탁받았을 때처럼 내가 평론가도 아니고 어떻게 다른 시인의 시를 다 간파해 내고 해설을 하겠느냐며 정중히 사양을 했지만, 평소 수줍음이 많고 말이 없는 김항신 시인의 거듭되는 부탁에 그 진심 어린 마음이 와 닿아 그러마 하고 대답을 하게 되었다.

사실, 타자가 어떻게 시인 각자의 다양한 시 세계를 다 이해하고 파헤치면서 이거다 하고 쉽게 해설할 수 있겠는가. 내가 가진 짧은 이론과 지식인 자그마한 잣대, 그 잣대로 다른 사람의 깊은 시 세계를 측량할 수 없음이 분명하기 때문에 꺼려지는 것이었다. 그리고, 지금까지 많이 읽어 왔던 다른 시집들 속에서 부끄럽고 허접한 해설들을 많이 봐 왔기 때문에 더욱 주저해지는 것이었다.

시집 해설을 약속해 놓고 정리된 시들을 읽어 가면서 어떻게 풀어 가며 해설을 쓸까 고민 고민 구상을 했다. 그래서 생각한 것이 김항신 시인을 만났을 때의 이미지와 시인의 생활상을 일단 펼쳐 놓은 다음, 함께 공부할 때의 시평 등을 생각해 내고 시인의 시를 찬찬히 더 이해하면서 현학적이지도 문학이론적이지도 않게 시인의 인생과 시를 연결하여 쉬운 말로 풀어 보자고 마음을 먹었다.

소녀감성과 일상 속 사물에 투영되는 자의식

겨우내 얼었던 바람의 문 살그머니 열리던 날

애교머리 살짝 날리며
연분홍 볼 살짝 만지며
하얀 운동화 톡톡 만지며 걸어가는 여학생들
푸른 교정의 들뜬 재잘거림은
가슴의 문을 열게 한다

소녀의 풋마음에도 초봄의 문이었으리
초록잎 사이로 따뜻한 물이
사르륵거리는

봄꽃의 봉오리들 초경을 맞네

-시「두근두근 콩닥콩닥」전문

시를 읽어 보면 이순을 넘긴 나이인데도 소녀 같은 감성이 물씬 배어 있음을 느낄 수 있지만, 시인은 평소에 수줍음이 많고 말수도 적다. 타고난 성격 탓일 수도 있겠고, 한편으론 지금까지 살아오는 동안 수많은 희로애락들, 특히 외롭거나 슬픈 감정들이 그녀의 입을 닫히게 했을 수도 있다고 본다.

삶이란 게 뭐 있나요 다듬질 다독다독 다듬듯이 / 그렇게 살아가면 되겠지요 // 사계의 비발디처럼 사랑하며 / 저 풍광처럼 / 강물처럼 바람처럼 느끼며 살아가는 거지요 // 꽃이 되고 새가 되고 / 내가 되고 // 네가 되며 그래서 시가 되는 // 칼들이 목판 위를 걸어가요 // 아장아장거리다 넘어져 찢기고 / 걷다 거르다 주저앉고 딴전 피우다 얻어터지는 / 때론 까칠하게 까칠하며 / 때론 송송거리며 정갈하게 // 그렇게 살아가면 되겠지요

-「다듬질과 난도질」전문

소녀 같은 감성과 함께 시인은 여성스러움도 많이 풍긴다. 갖가지 상상력들은 경험에서 싹튼다는 말이 있고, 읽거나 듣거나를 통해 얻어지는 간접경험도 포함될 수 있겠다. 제1부의 「오르가즘 립스틱」, 「파도」, 「오후 3시 30분」, 「보고 싶다는 것은」, 「하얀 사연」 등을 읽노라면 인생의 많은 경험 등에서 얻어진 여성스러움을 감지할 수 있으며 시 「화북포구」에서처럼 일상에서 보는 모든 사물 속에 그 자의식들이 투영되어 있음도 알 수 있다.

삶의 경험에서 싹트는 함축적 정서

시는 자신을 드러내는 표현이므로 무의식적으로 써낸다 해도 결국 그 속에 있는 자신을 찾아낼 수 있는 것. 표현의 진화라 할까. 시 속의 자신을 발견하며 계속 쓰다 보면 시가 더 나아지고 여러 갈래의 기법도 갖춰지면서 보다 나은 작품을 써 나가게 되는 것이다. 김항신 시인이 평소 시공부에 열심히 매달리는 걸 보아 왔다. 시 공부 초기의 작품과는 비교가 안 될 만큼 성장했고 자기만의 시 세계를 서서히 갖춰 가고 있는 게 보인다. 시가 자기 삶의 경험에서 싹트는 함축적인 정서라 전제하고 이 시집을 읽어 가노라면 김 시인의 시 세계가 그러하다는 걸 알 수 있다.

게다가, 이 시집 제목이 꽃향유! 꽃향유는 제주의 산과 들 어디를 가도 쉽게 볼 수 있는, 고급스럽지도 않고 아주 서민적인 꿀풀과에 속하는 한해살이풀이다. 그래도 초가을에 송이송이마다 각자의 생을 말하듯 하늘 향해 우뚝우뚝 일어서서 향기를 내뿜는다. 어쩌면 이 꽃향유가 김 시인의 이미지에 적합하지 않는가 생각되기도 한다.

정수리에서 솟은, 짭조름한 액체가
살갗에 돋는다
땀방울은 미끄러지듯
양쪽 볼을 지나 턱을 타고 가슴 사이로 흐른다

늦더위 기승을 부리던 어느 날
배 속의 태아가 발길질을 해댄다
싱크로나이즈드 스위밍 하듯
머나먼 우주를 한 바퀴 돌아온 별 하나
숨이 턱에 차게 머리를 밀어낸다
산도를 따라 무사히 요람에 도착한 어린것

배꼽을 타고 내린 땀방울에 흠뻑 젖어 있었다

-「별」 전문

용의 등을 밟고 걸어간다 // 야자수 매트가 곡선 따라 이어지고 // 등허리에 듬성듬성 돋은 비늘처럼 // 억새들이 // 늦가을 칼바람에 제 몸을 맡기고 있다 // 포근하게 엎드린 능선 따라 // 물매화 쑥부쟁이 꽃향유가 피어 있다

-「가을의 향기 - 용눈이오름」 중에서

높푸른 가을 하늘 지붕이 / 내 머리 위의 작은 지붕을 받쳐 주고 // 내 머리 위의 작은 지붕이 / 내 머리를 식혀 주고 // 내 머리 위의 작은 지붕에 / 그 위의 하늘 지붕이 불태우고

-「양산 - 인공 관절」 중에서

우연히 들여다본 연못에 새순 돋아나는 이파리 두 장이 / 내 눈길 붙든다 / 어쩌면 / 내 쪽으로 당기려 하지만 너에게로 가 보려고 하지만 / 섬과 섬 사이 물이 휘둘러 있어 물과 섬에 오작교가 없어서 / 서로는 지척에서

애절하게 쳐다보고만 있었네 // 아직도 가 볼 수 없었던 섬과 섬은 18세 소녀가 동경하던 곳 / 그 섬에 가고 싶어 갈매기 벗 따라 나서 보지만 설렘과 두려움은 / 선창가 발목 채인 가슴에 환영만 담은 / 상추자 하도리 섬

-「지척에서 바라보는」 전문

도로를 달리던 순간 / 누가 꽂았던 귀의 신경을 밟았다 내가 의도적이지도 않은 // 선혈은 없었으나 뭉클하는 순간 누구 귓전을 타고 소통하며 / 잔숨결 토해 내던 것들 / 길 잃고 추락한 저들을 몇 번이나 밟고 지날까

-「생명체들」 중에서

경험이 아닌 개연성이나 추측만으로 시를 쓴다면 시인 주변의 사람들이 이 시는 가짜다, 라고 금방 알 수 있는 것이 아닌가. 김 시인은 순수한 마음의 눈으로 사물을 보고 느끼며 표현되는 시구들도 결국 그 사물과 동화된다. 그리고, 자신의 앎을 현학적인 표현으로 내세우려 하지 않고 유려한 언어의 유희나 미사여구로 꾸며 놓으려 하지도 않는다. 낯설게 하기나 말장난 따위로 지나친 숨김의 미학을 동원하지도 않고 경험의 소산과 참신한 자기만의 언어, 위의

시들처럼 잘 전달되는 그 쉬운 언어들로 시의 집을 꾸며 놔서 읽는 사람들이 그 집에 쉽게 들어가 편하게 감상할 수 있게 한다.

고향과 뿌리의 생명력

시 창작을 한다는 것은 세상을 관조하는 문학적 시력과 영혼을 버무려 새로운 예술 세계를 만들어 내는 참으로 어려운 작업이다. 이 각박하고 힘든 세상에 시가 왜 필요하냐고 논하는 사람들도 있다. 배부른 자들의 폼 잡기 또는 잘난 척해 보고 싶어서 등등으로 간주해 버리는 실례들도 많다. 그러나 사실 시 쓰기의 진정성은, 사랑시를 고집하든 일반 삶의 고향과 자신의 뿌리를 중심으로 인생관을 쓰든 현실사회에 참여하여 상황을 서정적으로 풀어 나가든 결국은 시대와 함께 아파하고 희망을 찾는 역할을 하는 것일 터. 시인이 직접 소재의 사물도 되고 그에 동화되어 생명력 있는 가슴을 써 내려가는, 내 몸 깊이 있는 영혼이 집요하고 치열하게 미치지 않으면 하기 힘든 일 중 하나가 시를 쓰는 일일 것이다.

김항신 시인은 이 시집 3, 4부에서 고향과 부모와 가족들을 향한 그리움을 절절하게 그려 놓았다. 누구에게든지 고향과 뿌리의 생명력은 강하게 자리 잡고 있다. 고향의 사전적 의미야 '자기가 태어나고 조상대대로 살아오고 마음속 깊이 간직된 그립고 정든 터전'이겠고, 낳아 주신 부모님에 대해서도 살아생전에는 그 의미나 가치에 대해 그다지 소중하게 생각하지 않는 경우들이 많다고 생각한다. 그러나 고향과 부모를 잃은 후 유수 같은 세월 속에서 고향과 부모님에 대한 그리움은 눈덩이처럼 커가는 게 우리 인간들 속성이 아닌가 싶다. 김 시인의 그런 시들을 읽다 보면 고향과 뿌리의 강한 생명력을 느낄 수 있다.

당신을 쳐다보게 되었습니다 / 딱딱한 당신 뒷모습 힘겨워 보였습니다 // 50여 년 세월에 당신 허리도 굽어 보입니다 / 몇 날 며칠 동서남북 헤매던 그 절절하던 모습들, // (중략) // 설운 자식 등에 업은 당신 모습 가슴에 화 묻은 당신 모습 // 봄이면 청산의 바람 물결 등에 지고 이고 / 여름이면 얼기설기 엮어진 밧줄로 / 당신 몸에 / 짊어진 탯줄 놓칠세라 / 과랑과랑 햇빛에 땀띠 날세라 푸른 수의 엮어 주고 / 겨울이면 동상 걸릴까 봐 / 하

얀 소복 감싸 안고 훠이 훠이 숨 고르는 어머니 // 오늘, 여기서 봅니다

-「애기 업은 돌 - 어머니」 중에서

시인은 산책로를 걷고 있었다. 하늘이 맑았는지 흐렸는지조차 무관심하고 어떤 상념을 굴리며 걷고 있었는지도 모르지만 여기저기 서 있는 나무와 우거진 풀숲들 사이에서 자기의 시야로 클로즈업되어 들어오는 건 바로 가슴속에 늘 자리한 어머니였다. 변하지 않은 그 모습. 굽은 등에 설운 아기를 업고 자식들 뒷바라지를 하시는 어머니를, 훠이훠이 숨 고르는 어머니를 산책로에서 만난 것이다.

아지랑이 봄꽃 오는 소리는 모래 동산 술래가 되고 / 아버지 품에 안기던 시절은 까마득하기만 했던 날 // 노랗게 물든 들녘은 조 알맹이 등짐 지고 낑낑대던 / 어머니와 함께였던 시간

-「방울방울 방울아 2. 봄 여름 가을 겨울」 중에서

어머니 진액 빨며 야멸차게 세상 밖으로 착지했건만 / 오매불망 생명줄 잃은 줄 알았던 콩깍지 새끼 / 거적때

기 한 장 덮어 구석에 밀쳐졌다는 어린것이 / 어머니 나이까지 올 수 있다는 것은

-「백설의 길」 중에서

1 - 이순

상아야 너 나이 이순이라 했지 / 십 년 전엔 그냥 영원한 49세로 있고 싶다더니 / 그래 세상 물정 모르는 건 아니나 / 겸허히 받아들이라는 말로 알고 있자 / 모든 것 이해되는 마음들은 / 좀 더 성숙함에서이겠지 / 살아온 날들이 많다는 것은 / 살아온 날들을 / 되돌아보라는 의미에서일까 / 벌써 여기까지 와 버린 시간이

2 - 생

한 번뿐인 / 절대로 돌아오지 않는 무례한 모순들 연습이라고 / 체험이라고 / 예술이라고 했던가 / 결국 한 장의 종이에 불과한 것을

3 - 노을

맘껏 자태를 뽐내던 햇살도 이제 서쪽으로 걸어가는데 // 우리도 서쪽으로 걸어가는데 // 불현듯 / 낙엽이 사르

륵거리는 날 // 한 번쯤 우리 // 맛있는 풍경과 멋있는 노스탤지어 부르며 // 향기로움 함께하는 시간 만들어 봐요

-「나를 바라본다」 전문

이순을 넘긴 시인은 '젖은 약했으나 어머니는 강하다'는 걸 몸소 깨닫는다. 일찍 돌아가신 아버지 대신 살림을 도맡은 가장인 어머니, 노랗게 물든 들녘에서 조알맹이를 등에 지고 내려오며 낑낑대던 어머니, 아이들에게 '홀어멍 자식'이라는 말을 듣게 하지 않으려고 당신이 죽어라 움직여야 했던 어머니, 이순을 넘긴 시인도 이제 진짜 어머니가 되어 세상을 관조하는 자신을 바라본다.

시가 죽었다는 말들이 나오는 것처럼 요즘의 대부분 사람들은 시를 읽으려 하지 않는다. 이러한 현실 또한 시인들이 감수하고 책임져야 할 일이다. 가슴을 토해 내는 솔직한 시가 아닌, 학문이나 이론지식 등을 쌓은 지성의 시만 내놓는다면 독자들이 기다리는 시가 되지 못할 것이다. 좋은 시어와 문장만을 찾아 꾸미고 고급스럽고 멋지고 놀라운 수식만을 내세운 시는 결코 독자의 가슴에 남지 못할 것이다. 서툴지만 사람 냄새가 나고 쉬운 표현과 진정성이 있는, 가

슴으로 써낸 시가 타자의 가슴에도 전달될 것이며 삶의 진정성이 녹아든 그 행간들이 독자의 가슴에 울림으로 다가갈 것이다.

가끔 문학 지망생들을 접하다 보면, 그 당시 주목받는 시를 향하여 달려가고 있는 걸 볼 수 있다. 그러나 그 시를 모방하고 아무리 좋은 언어를 구사하여 시를 써내도 그 속에 진심 어린 자기 자신이 이입되어 있지 않으면 '빛 좋은 개살구' 격이 아닐까. 자신이 체험하고 아파도 보고 가슴 가득 남아 있는 정서, 그 진정한 상처나 채워지지 못하는 삶의 결핍들, 이런 서정이 모든 소재의 사물에 투영되고 독자도 공감돼야 한다고 본다. 전제한 말들을 비추어 볼 때 김항신 시인은 가식도 없고 쉬운 언어로 자신의 향기를 시 속에다 주입시키려 노력하고 있다.

김 시인이 태어난 곳은 제주시 삼양동이다. 여섯 살 때 아버지를 여의고 서른 무렵에 어머니를 잃었다. 결국 홀어머니 슬하에서 자란 셈이다. 그 어린 나이에 일찍 여윈 아버지를, 그 아버지의 사랑을 기억하며 간직하기란 상당히 어려운 일이다. 그러나 지금도 고향인 삼양동의 옛 모습들과 식구들에 대한 기억들이 선명하다. 시 「삼양동 연가」에서 당시의 모습들을 활동사진처럼 생생하게 추억한다. '타닥 타닥 타는 마른 솔가지 연기에 흘리던 부엌에서의 눈물', '해 질 녘 마을 풍경', '외양간과 변소의 위치를 포함한 집 안의 모든 구조', '식구들인 아버지 어머니 큰아버지와 동생', '닭 뜯어 먹던 밥상', '아파 누운 아버지를 옆에 두고 동무들과 놀기에 정신 팔리던 일', '바람이 몰고 집 안으로 밀어닥치는 모래알들', '처마 끝에 매달린 시래기 묶음', '뒤란의 감나무에 매달린 까치밥 몇 방울'…….

얼마나 그리웠으면 여섯 살 어린아이로 돌아가 그것들을 다 끄집어냈을까. 지금은 비록 도시화되어 흔적들이 거의 사라진 고향일지라도 여섯 살 어린 소녀는 가슴 깊이 꼭꼭 품어 두었다. 한세상 살다 생을 마감할 때에도 고향은 함께 지니고 가는 것. 누구에게나 고향은 이렇게 아리고 눈물겨운 것.

해안을 따라 삼양 포구에 다다르니
수평선 낙조가 경이롭다
질퍽한 땀 냄새와 시큼한 '화영식초' 냄새가 물씬 나는
삼화포구 횟집,
한 잔 마시며 추억을 더듬어 본다

삼양 바닷가 용천수, 그대로 있는데
아버지와 동생들이 살았던 둥지는 어디로 갔는지
어머니와 내가 살았던 둥지는 어디로 갔는지
20년 동안 함께했던 그곳
아버지가 일으켜 세우던 기둥과 서까래
어머니 등짐으로 져 나르던 돌담들,
다 어디로 갔는지
이승 떠난 아버지 오십여 년 세월
어머니 삼십여 년 세월에

늦은 밤
참이슬 한 잔이
눈가에 이슬 맺게 한다

-「서흘포 낙조 - 참이슬 한 잔이」 전문

김 시인이 오랜만에 고향을 찾았다. 수평선 낙조가 경이롭고 신기하다. 옛날의 용천수는 그대로 있는데 기둥과 서까래를 세우시던 아버지의 모습과 어머니가 등짐으로 날라 온 돌담들의 흔적도, 20년을 가족들과 함께 살았던 둥지의 흔적도 사라졌다. 가슴에 넣어 둔 옛 모습들을 반추하고 반추하는 시인에게는 참이슬 한 잔이 눈가에 이슬로 맺힐 뿐이다.

낡은 궤짝과 거름채 놋그릇들 자분자분 입김 따사롭다 / 한쪽에 다소곳하게 놓여 있는 / 물허벅과 대바지 / 물구덕 등에 짊어진 어머니 모습 보인다 / 어머니 좇아, 대바지 지고 끙끙대던 단발머리 소녀도 보인다 / 삼양 바닷가, 용천수 샘솟는 곳 / 종종걸음 보인다

-「물허벅과 대바지」 중에서

머리 헤친 어머니 / 안방으로 저린 발등 내딛는 소리 바쁘고 / 아버지 입으로 정안수 떠 넣던 생각들이 바빠지던 날 / 그가 내어 준 여섯 살 딸은 아무것도 몰랐었던 것처럼 / 어머니 구슬픈 목소리가 메아리치던 날 / 깨어진 탁주잔의 눈물을 받아먹을 수 있었던 나는 / 아버지 판소리가 후렴구를 받아치고 있었다는 것도 알았다

-「아버지의 술잔」 중에서

하얀 천막 둘러진 좁은 공간 / 병풍 앞에 차려진 설상

위로 향냄새 올라간다 / 두 자루 촛불이 뚝뚝 몸을 태우는데 / 관 위로 싸락눈 들이친다 / 싸락눈은 내 빰을 때리고 내 손등을 때리고 / 어머니 관 위를 마구 두드린다

-「삼양동 싸락눈 - 어머니의 터미널」 중에서

"아가야" / 피지 못할 인연의 끈 / "아부지" / 이 세상에 떨궈 놓고 한 번 보듬어 보지 못한 자식 / 한생을 마감하는 찰나 / 대별 대상의 심술에 / 삼승할미 통곡하시는데 // 대별 대상 마마의 심술은 환생꽃을 위하여 / 좋은 마음 품는데 막이 내려지고 / 인연의 생명꽃 채 피우지 못한 / 나의 막내는

-「생명꽃」 중에서

김 시인의 가슴속에는 어린 시절 삼양동의 정겨웠던 추억들과 함께 슬픔도 많다. 가족들의 죽음들을 다 목도하였음에 그 아픔들이 쉽게 사라지지 않는 것이다. 어머니와 함께 단발머리 소녀가 대바지를 지고 용천수에 물을 길러 가는 아름다운 그림도 갖고 있지만, '아버지가 돌아가시던 날 어머니가 구슬프게 울던 모습', '어머니가 돌아가시던 날 좁은 천막에 놓인 어머니의 관을 두드리던 싸락눈', '태어난 지

얼마 안 된 동생의 죽음' 등 평생을 가슴에 안고 살아가야 할 이 슬픔들을 시인은 시로 승화시키고 있는 것이다.

평범한 삶이 살아 숨 쉬는 일상

열두 폭 비단으로 감싸 주던 몸매가
느슨한 모습으로 굳어져 있다

붉은 망 속 탱글탱글한 것들
성은 양씨요 이름은 파순이들
그 모진 생명이
들숨 날숨 파닥이며
한 뼘 창문을 통한 햇살에 의지한 채
망을 뚫고 나와 천정을 향해 쭈뼛거린다
성벽처럼
겹겹이 에워싼 인과의 틀을 깨고
싹 하나 틔워 내어
세월을 다듬는다

-「본능의 껍질」 전문

살 속으로 깊숙이 파고드는 나도 모를 미로 속을 비비며 / 작은 것과 큰 것들이 교대를 하며 들어왔다 나간다 / 발가락따라 정수리까지 생명선을 달리는 열차 속을 / 부드러운 숨결로 애무하듯 적과의 동침을 한다 / 적벽을 둘러쌓던 피막 뚫고 / 불거진 적들이 뽑어져 사혈되며 / 거치는 통과의례 / 잠깐의 고통 넘어 희열 뒤엔 편안함이 몰려온다 / 일단 일주일에 두 번씩 / 3개월 동안 행위를 할 것이다 / 그동안 참아 왔던 / 그동안 못 했던 그녀의 행위들 / 자위행위들이 모자랐던 몸신 / 마음의 전쟁 육신의 아픔들이 / 깊숙이 때론 부드럽고 짜릿하게 희열을 느끼며

-「적과의 동침」 중에서

시인은 살아나려 몸부림치는 양파의 생명력을 바라보며 자신의 세월을 다듬는다. 평범한 일상에서 집 베란다에 키우는 채소들, 주방 속에 모여 있는 사물들의 대화, 식당 이야기, 평소에 즐겨 찾는 찜질방 풍경, 시인의 삶을 충전시켜 주는 어렸을 때부터의 정겨운 친구들, 그 친구들과 즐겁게 여행하는 이야기, 작고하신 정군칠 시인의 가르침에 대한 추억 등등. 이 모든 삶의 행적들이 시인에게는 참으로 소중

한 것. 시인은 이러한 자신의 체험들을 쉬운 언어로 솔직하게 진술하고 있는 것이다. 현학적이거나 겉치레한 문장으로 시를 끌어가는 것도 아니고, 사람 냄새가 물씬 나는 쉬운 전달로 타자에게 시를 보여 주고 있다.

인생 이만치 와서 평정된 삶을 살아가고 있는 김 시인. 세상에 남은 세 자매가 오순도순 살아가고 있지만 복잡한 가정사 속에서 불우했던 어린 시절은 가슴속에 생생히 살아 있고, 그 어려운 상황에서도 문학소녀의 꿈은 잃지 않았다. 중학교 시절 끄적거렸던 자작시와 필사해 놓은 조지훈의 시 「마음이 어쩌면」을 지금도 애지중지 품고 있다. 어려운 환경으로 인해 이루지 못한 향학열도 평생을 따라다녀 늦깎이로 방송통신고등학교를 나와 산업정보대 복지행정과에 성적 우수 장학생으로 입학하여 과대표까지 거친 다음 오십 중반에야 한국방송통신대학교 국어국문학과를 마칠 수 있었다. 이 평탄하지 못했던 삶들이 시인에게 좋은 시들을 만들어 줄 것이라 믿는다.

이렇게 인생을 정리하면서 소녀의 감성과 조용한 여성스러움으로 시를 쓰는 김항신 시인의 본 첫 시집 출판을 진심으로 축하하고 앞날을 응원하며, 시집에 들어갈 시들을 여러 번 정독하면서도 많이 부족한 것 같은 이 해설 쓰기를 마친다.